Impressum
Verlag: BABADADA GmbH, Nedderfeld 112 , 22529 Hamburg
Geschäftsführer / Verlagsleitung: Harald Hof
Druck: Books on Demand GmbH, In de Tarpen 42, 22848 Norderstedt

Imprint
Publisher: BABADADA GmbH, Nedderfeld 112 , 22529 Hamburg, Germany
Managing Director / Publishing direction: Harald Hof
Print: Books on Demand GmbH, In de Tarpen 42, 22848 Norderstedt, Germany

l'école
duɗal

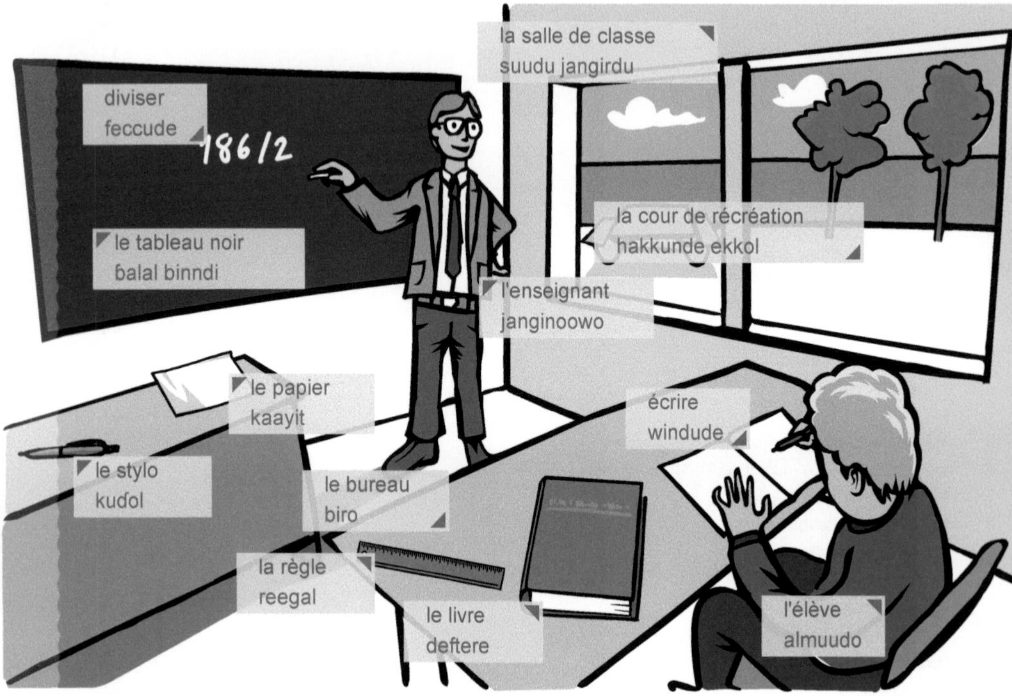
la salle de classe
suudu jangirdu
diviser
feccude
186/2
le tableau noir
ɓalal binndi
la cour de récréation
hakkunde ekkol
l'enseignant
janginoowo
le papier
kaayit
écrire
windude
le stylo
kuɗol
le bureau
biro
la règle
reegal
le livre
deftere
l'élève
almuudo

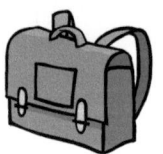

le sac d'école

kartaabal

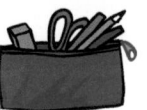

la trousse

moftirdo kereyonji

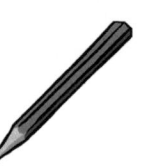

le crayon

kereyo

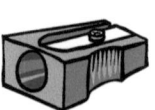

le taille-crayon

ceeɓnirgel kereyon

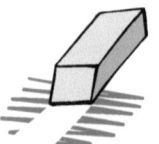

la gomme

momtirgel

le carnet à dessin

alluwal ciifirgal

le dessin

ciifgol

le pinceau

limsere pentirteeɗo

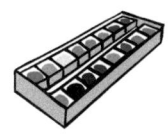

la boîte de peinture

suwo pentirɗo

les ciseaux

sisooji

la colle

ɗakkorgal

le cahier d'exercices

deftere ekkorgal

les tâches

golle janŋde

le chiffre

niimara

additionner

ɓeydude

soustraire

ustude

multiplier

ɓeydude keeweendi

calculer

qimaade

la lettre

ɓataake

l'alphabet

karfeeje

le mot

kongol

le texte

bindol

lire

jangude

la craie

bindirgal

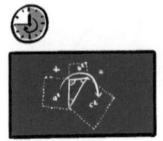

la leçon

darsu

le livre de classe

winditaade

l'examen

egsame

le certificat

sartifika

l'uniforme scolaire

comcol duɗal

la formation

janŋde

le lexique

ansikolopedi

l'université

duɗal jaaɓi haɗtirde

le microscope

mikoroskop

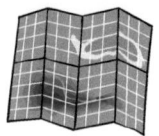

la carte

kartal

la corbeille à papier

suwo kurjut

le voyage

ɗannagol

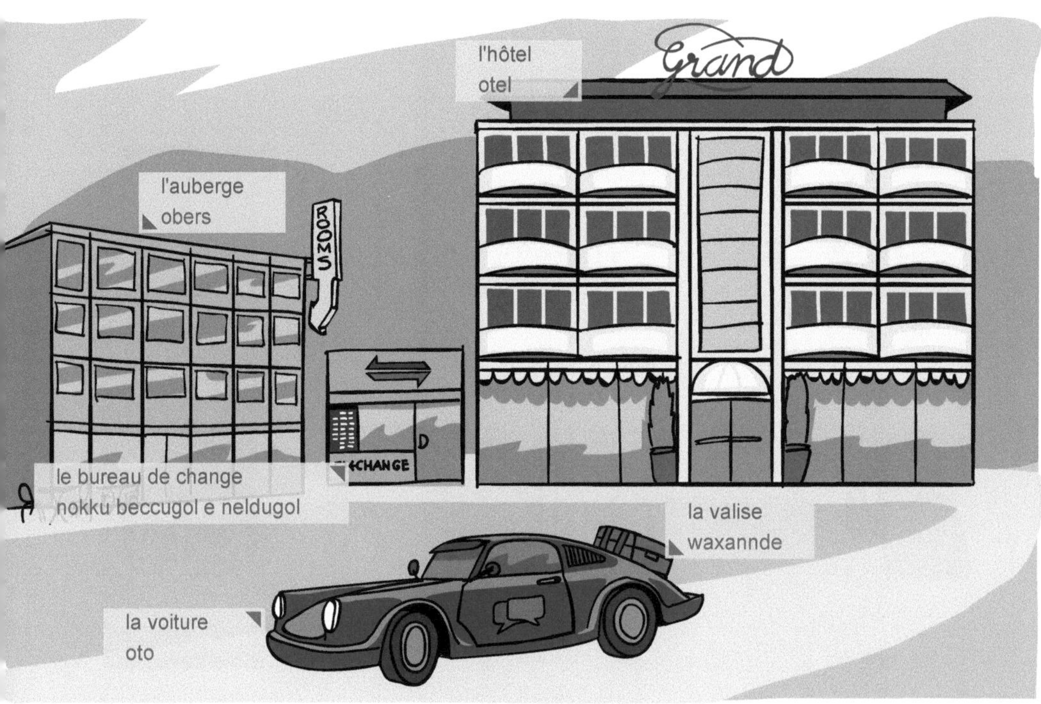
l'hôtel
otel
Grand
l'auberge
obers
ROOMS
CHANGE
le bureau de change
nokku beccugol e neldugol
la valise
waxannde
la voiture
oto

la langue

ɗemngal

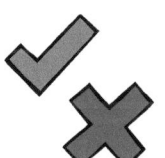

oui / non

Eey / ala

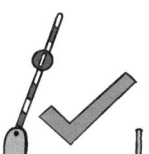

d'accord

Moyƴi

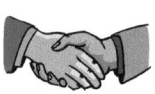

Salut

mbaɗɗa

l'interprète

pirtoowo

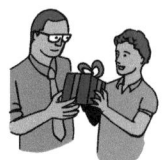

merci

A jaraama

Combien coûte...?

no foti...?

Je ne comprends pas

Mi faamaani

le problème

hanmi

Bonsoir!

Jam hiri!

Bonjour!

Jam waali!

Bonne nuit!

Mbaalen e jam!

Au revoir

ñande woɗnde

la direction

laawol

les bagages

bagaas

le sac

saawdu

le sac-à-dos

saawdu wambateendu

l'hôte

koɗo

la pièce

suudu

le sac de couchage

njegenaaw

la tente

caalel ladde

l'office de tourisme

kabaruuji tuurist

la plage

tufnde

la carte de crédit

kartal banke

le petit-déjeuner

kacitaari

le déjeuner

bottaari

le dîner

hiraande

le billet

biye

l'ascenseur

suutde

le timbre

tampon

la frontière

keerol

la douane

duwaan

l'ambassade

ambasad

le visa

wiisa

le passeport

paaspoor

le transport

taraspoor

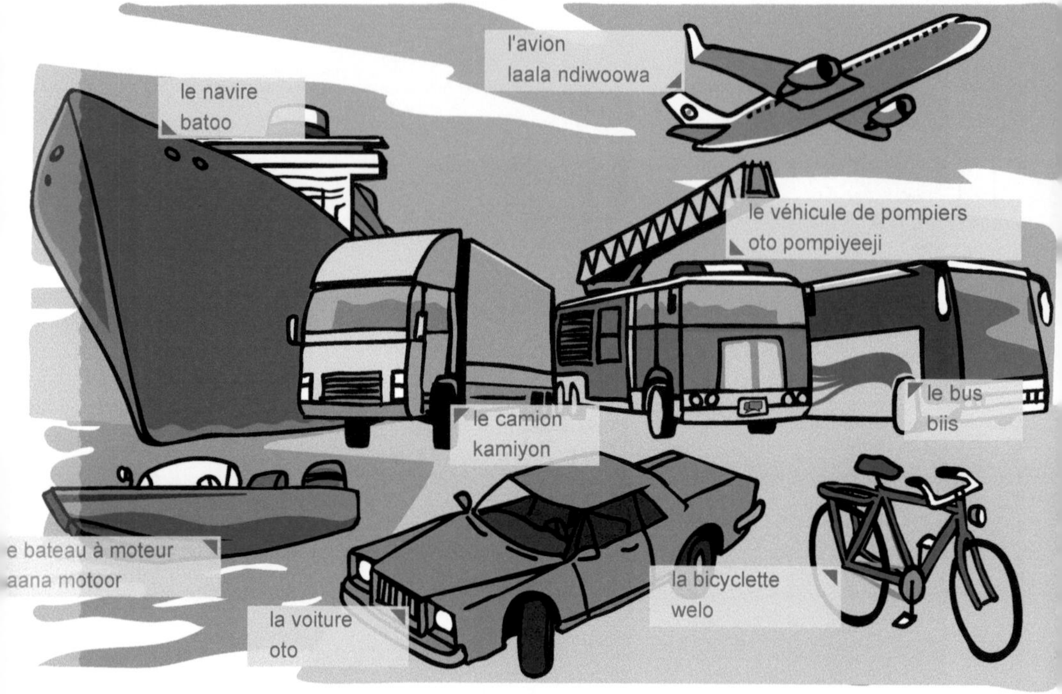
l'avion
laala ndiwoowa
le navire
batoo
le véhicule de pompiers
oto pompiyeeji
le camion
kamiyon
le bus
biis
e bateau à moteur
aana motoor
la voiture
oto
la bicyclette
welo

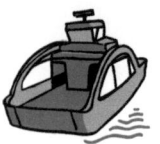

le ferry

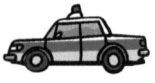

batoo

la barque

laana

la moto

welo

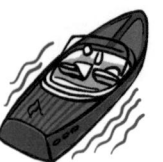

la voiture de police

oto polis

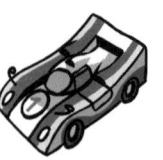

la voiture de course

oto dogirteeɗo

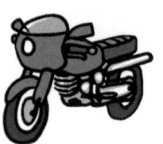

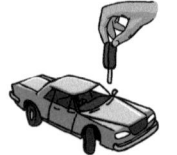

la voiture de location

oto luwateeɗo

l'autopartage

dendugol oto

la dépanneuse

oto dandoowo goɗɗo

la benne à ordures

oto kurjut

le moteur

motoor

l'essence

karbiran

la station d'essence

nokku esaans

le panneau indicateur

tintinooje yaangarta

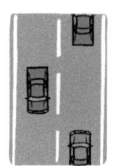

le trafic

yaa ngarta

l'embouteillage

jiiɓo yaa ngarta

le parking

dingiral otooji

la gare

dingiral laana leydi

les rails

laaɓi

le train

laana leydi

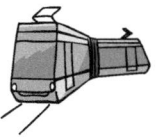

le tram

laana ndegoowa

le wagon

saret

l'hélicoptère

elikopteer

l'aéroport

ayrepoor

la tour

tuur

le passager

wonɓe e laana

le container

konteneer

le carton

karton

le chariot

duñirgel kaake

la corbeille

basket

décoller / atterrir

diwde / juuraade

la ville

wuro mowngu

le village

wuro

le centre-ville

hakkunde wuru wowngo

la maison

galle

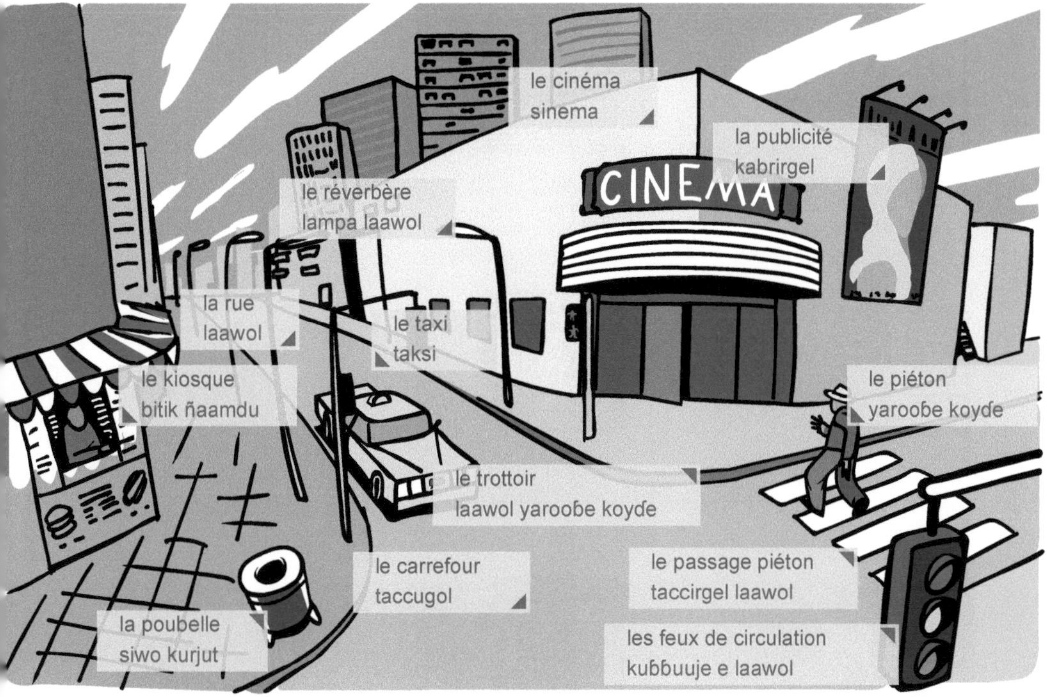
le cinéma
sinema
la publicité
kabrirgel
CINEMA
le réverbère
lampa laawol
la rue
laawol
le taxi
taksi
le kiosque
bitik ñaamdu
le piéton
yarooɓe koyɗe
le trottoir
laawol yarooɓe koyɗe
le carrefour
taccugol
le passage piéton
taccirgel laawol
la poubelle
siwo kurjut
les feux de circulation
kuɓɓuuje e laawol

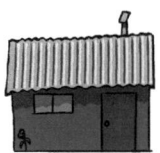

la cabane

tiba

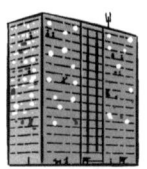

l'appartement

ko foti

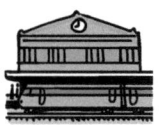

la gare

dingiral laana leydi

la mairie

meeri

MUSEUM

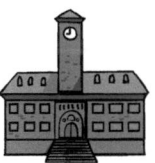

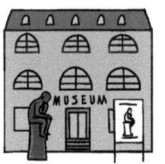

le musée

miise

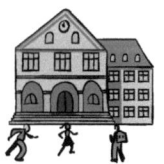

l'école

duɗal

l'université

duɗal jaaɓi haɗtirde

la banque

banke

l'hôpital

suudu safirdu

l'hôtel

otel

la pharmacie

farmasi

le bureau

gollirgal

la librairie

suudu defte

le magasin

bitik

le fleuriste

jeyoowo fuloraaji

le supermarché

sipermarse

le marché

jeere

le grand magasin

madase mawɗo

la poissonnerie

jeyoowo liɗɗi

le centre commercial

nokku coodateeɗo

le port

poor

le parc

park

la banque

jooɗorgal

le pont

taccirgal

les escaliers

ŋabbirɗe

le métro

laawol metero

le tunnel

laawul les leydi

l'arrêt de bus

fongo biis

le bar

baar

le restaurant

restora

la boîte à lettres

buwaat postaal

le panneau indicateur

lewñowel laawol

le parcomètre

to otooji ndaroto

le zoo

nokku kullon

le réverbère

pisin

la mosquée

jama

la ferme

ngesa

la pollution

gakkingol hendu

le cimetière

bammule

l'église

egiliis

l'aire de jeux

dingiral

le temple

tampl

le paysage

yiyande taariinde

la feuille
baramlefol

le panneau indicateur
tugayal tintinirgal

le chemin
laawol

le pré
Huɗo sukkuko

la pierre
haayre

le randonneur
ŋayloowo

l'arbre
lekki

la rivière
maayo

l'herbe
huɗo

la fleur
fuloor

la vallée
nokku kaañe mawɗe to
ndiyam dogata

la montagne
waande

le lac
weedu

la forêt
ladde

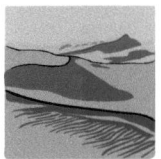

le désert
ladde yoornde

le volcan
wolkan

le château
satoo

l'arc-en-ciel
timtimol

le champignon
sampiñon

le palmier
leki palm

le moustique
ɓowngu

la mouche
diwde

les fourmis
njabala

l'abeille
mbuubu ñaak

l'araignée
njabala

le scarabée

hoowoyre keppoore

la grenouille

faabru

l'écureuil

doomburu ladde

le hérisson

sammunde

le lapin

fowru

la chouette

pubbuɓal

l'oiseau

colel

le cygne

kakeleewal ladde

le sanglier

mbabba tugal

le cerf

lella

l'élan

Nagge nde galladi cate

le barrage

baraas

l'éolienne

masiŋel battowel hendu
jeynge

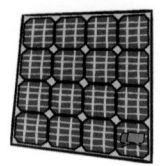

le panneau solaire

Lowowel nguleeki

le climat

kilima

le restaurant

restora

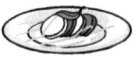

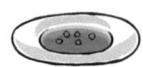

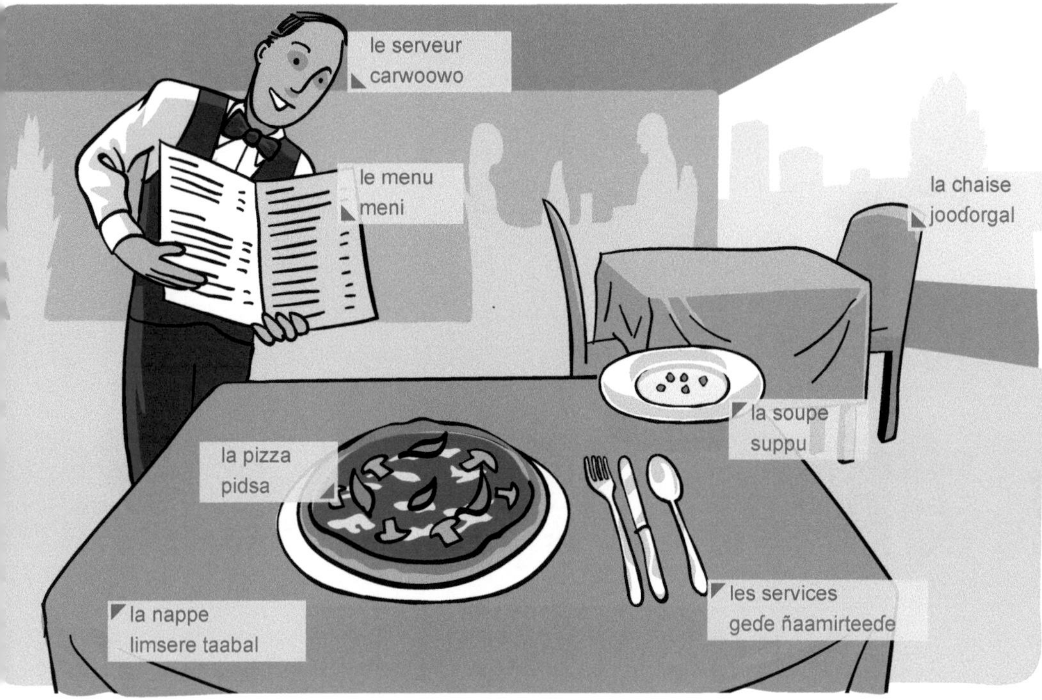
le serveur
carwoowo
le menu
meni
la chaise
jooɗorgal
la soupe
suppu
la pizza
pidsa
la nappe
limsere taabal
les services
geɗe ñaamirteeɗe

les hors d'œuvre

tongitirgel

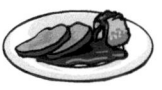

le plat principal

ñaamdu nguraandi

le dessert

tuftorogol

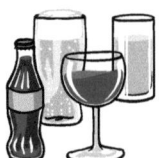

les boissons

njaram

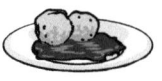

l'alimentation

ñaamdu

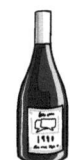

la bouteille

butel

le fast-food

fast fud

les plats à emporter

ñaamdu laawol

la théière

baraade

le sucrier

cupayel suukara

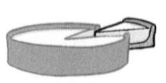

la portion

geɗel

la machine à expresso

Masinŋ kafe

la chaise haute

jooɗorgal toowngal

la facture

biye

le plateau

ñorgo

le couteau

paaka

la fourchette

furset

la cuillère

kuddu

la cuillère à thé

nokkere kuddu

la serviette

sarbet

le verre

weer

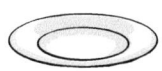

l'assiette
palaat

l'assiette à soupe
palaat suppu

la soucoupe
cupayel

la sauce
soos

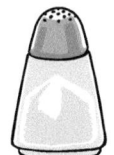

la salière
pot lamɗam

le moulin à poivre
moññirgal poobar

le vinaigre
bineegara

l'huile
nebam

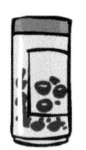

les épices
kaaɗnooje

le ketchup
ketsap

la moutarde
muttard

la mayonnaise
mayonees

le supermarché

sipermarse

l'offre promotionnelle
ngustugul coggu
FOR
le client
kiliyaan
les produits laitiers
kosameeje
les fruits
ɓikkon ledde
le caddie
daasirgel

BUTCHERS

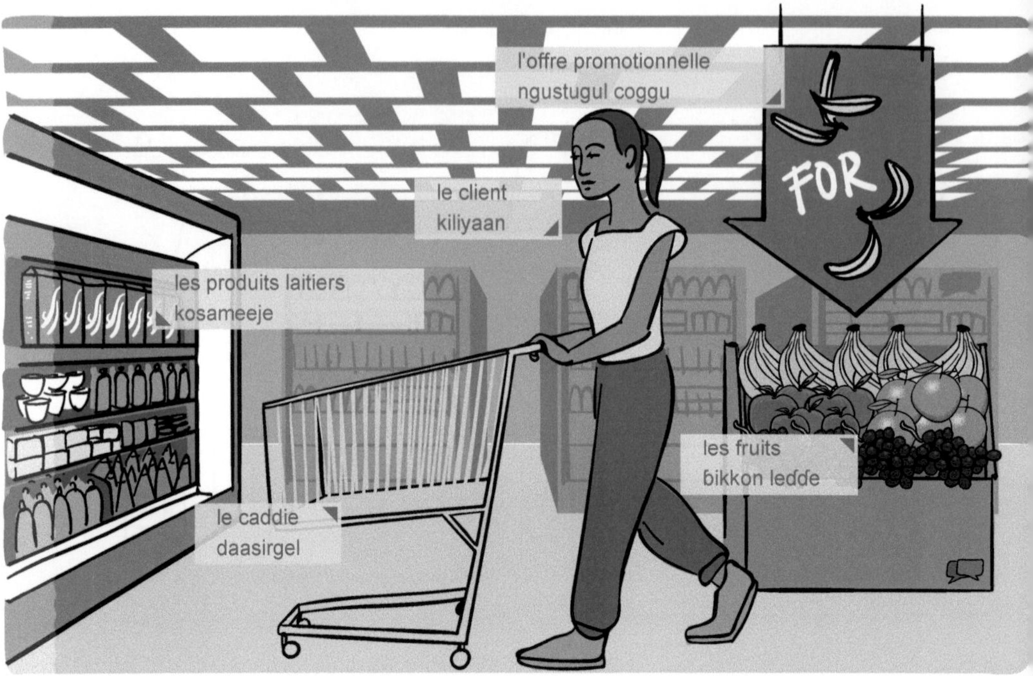

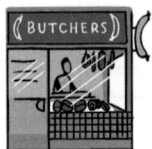

la boucherie

jeyoowo teew nagge

BAKERY

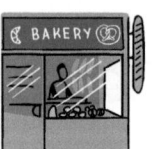

la boulangerie

juɗoowo mburu

peser

ɓetde

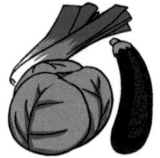

les légumes

lijim

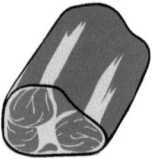

la viande

teew

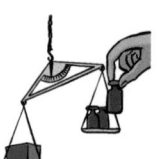

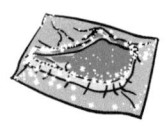

les aliments surgelés

ñaamdu ɓumnaandu

la charcuterie

teew moftaaɗo

les conserves

ñaamdu nder buwat

la poudre à lessive

condi lawyĩrteendu

les bonbons

bonboonji

les articles ménagers

geɗe ngurdaaɗe

les détergents

porodiwiiji laaɓnirni

la vendeuse

julaaajo

la caisse

haa

le caissier

kestotooɗo

la liste d'achats

limto coodateeɗi

les heures d'ouverture

waktuuji golle

le portefeuille

kalbe

la carte de crédit

kartal banke

le sac

saak

le sac en plastique

saak dalli

l'eau
....
ndiyam

le jus de fruit
....
njaram

le lait
....
kosam

le coca
....
ỹulmere

le vin
....
sangara

la bière
....
sangara

l'alcool
....
sangara

le chocolat chaud
....
kakao

le thé
....
ataaya

le café
....
kafe

l'expresso
....
kafe jon jooni

le cappuccino
....
kafe italinaaɓe

la banane

banaana

la pomme

pom

l'orange

oraas

le melon

dende

le citron

limonŋ

la carotte

karot

l'ail

laay

le bambou

lekki bambu

l'oignon

basalle

le champignon

sampiñon

les noisettes

gerte

les pâtes

espageti

les spaghettis

espageti

le riz

maaro

la salade

salaat

les frites

firit

les pommes de terre rôties

faatat cahaaɗo

la pizza

pidsa

le hamburger

amburgeer

le sandwich

sandiwis

l'escalope

buhal baddangal e lijim

le jambon

buhal teew

le salami

kaane biyeteeɗo sosison

la saucisse

sosis

le poulet

gertogal

le rôti

defaɗum

le poisson

liingu

les flocons d'avoine

ndefu gabbe kuwakeer

le muesli

njilɓundi aɓuwaan e gabbe goɗɗe

les cornflakes

kornfelek

la farine

farin

le croissant

kurwasa

les petits-pains

pe o le

le pain

mburu

le pain grillé

mburu juɗaaɗo

les biscuits

mbiskit

le beurre

nebam boor

le fromage blanc

kosam kaaɗɗam

le gâteau

gato

l'œuf

ɓoccoonde

l'œuf au plat

moccoonde fasnaande

le fromage

foromaas

la glace

kerem galaas

le sucre

suukara

le miel

njuumri

la confiture

teew nagge

la crème nougat

nirkugol sokkola

le curry

suppu kaane

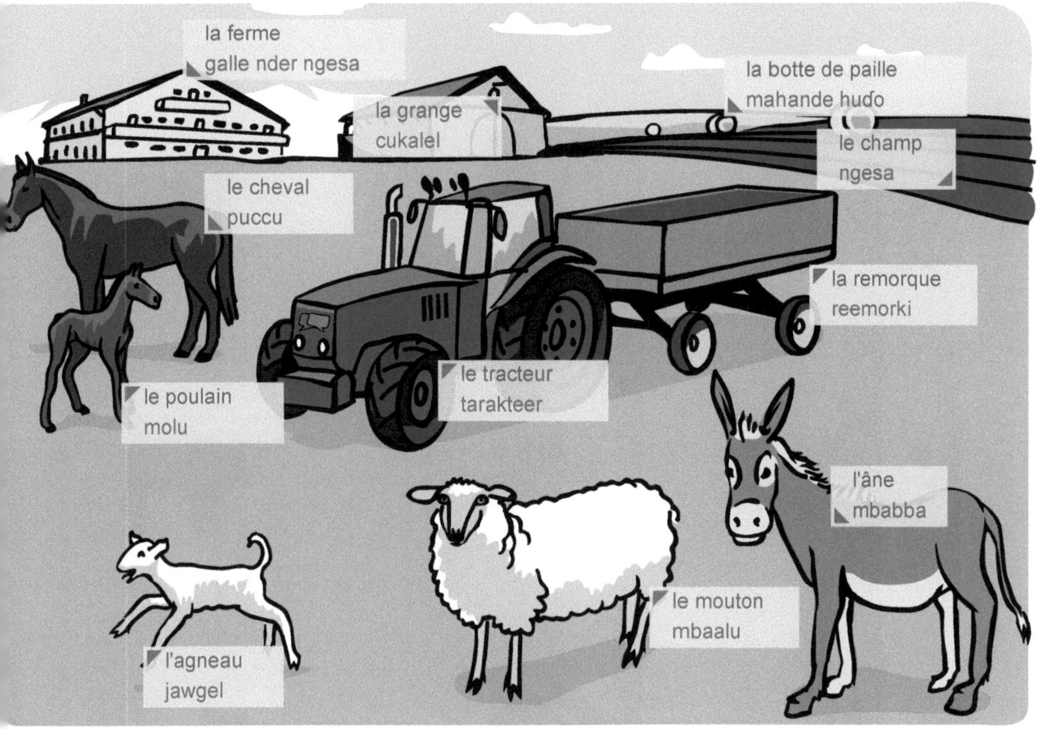

la ferme
galle nder ngesa

la grange
cukalel

la botte de paille
mahande huɗo

le champ
ngesa

le cheval
puccu

la remorque
reemorki

le poulain
molu

le tracteur
tarakteer

l'âne
mbabba

le mouton
mbaalu

l'agneau
jawgel

la chèvre
ndamdi

la vache
nagge

le veau
mbeewa

le porc
mbabba tugal

le porcelet
ɓingel mbabba tugal

le taureau
ngaari ladde

l'oie

jarlal ladde

le canard

gerlal

le poussin

cofel

la poule

jarlal

le coq

ngori

le rat

doomburu

le chat

ullundu

la souris

doomburu

le bœuf

nagge

le chien

rawaandu

le chenil

nokku dawaaɗi

le tuyau de jardin

tiwo sardin

l'arrosoir

doosirgal

la faucheuse

wofdu mawndu

la charrue

masinŋ demoowo

la faucille

wofdu

la pioche

coppirgal

la fourche

rato

la hache

hakkunde

la brouette

buruwet

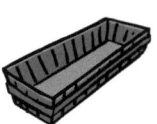

la cuve

mbalka

le pot à lait

kosam buwat

le sac

saak

la clôture

kalasal galle

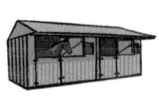

l'étable

nokku pucci

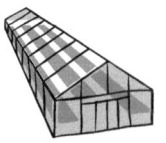

la serre

inexistant

le sol

leydi

les semences

abbere

l'engrais

nguurtinooje leydi

la moissonneuse-batteuse

masinŋ coñirteeɗo

la ferme - ngesa

récolter
....
soñde

la récolte
....
soñde

l'igname
....
ñambi

le blé
....
bele

le soja
....
soja

la pomme de terre
....
faatat

le maïs
....
maka

le colza
....
abbere lekki kolsa

l'arbre fruitier
....
lekki firwiiji

le manioc
....
ñambi

les céréales
....
sereyaal

la maison
galle

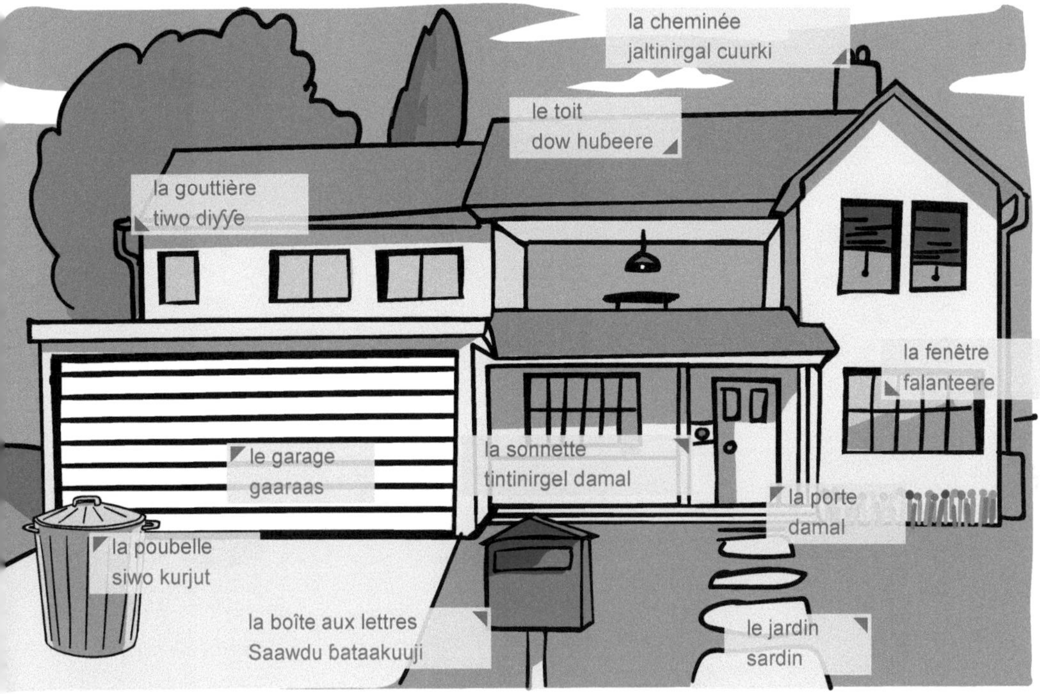
la cheminée
jaltinirgal cuurki
le toit
dow huɓeere
la gouttière
tiwo diyʃe
la fenêtre
falanteere
le garage
gaaraas
la sonnette
tintinirgel damal
la porte
damal
la poubelle
siwo kurjut
la boîte aux lettres
Saawdu ɓataakuuji
le jardin
sardin

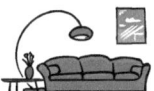

le salon

suudu yeewtere

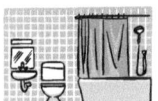

la chambre de bain

tarodde

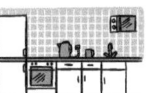

la cuisine

waañ

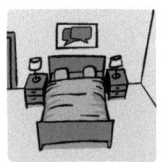

la chambre à coucher

suudu waalduru

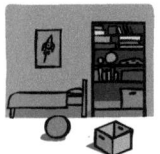

la chambre d'enfant

suudu sakaaɓe

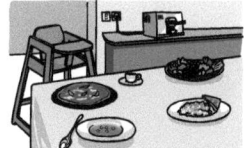

la salle à manger

suudu hiraande

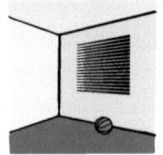

le sol

karawal

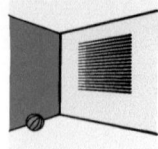

le mur

ɓalal

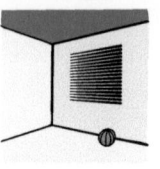

le plafond

asamaan suudu

la cave

faawru

le sauna

soona e ɗemngal farase

le balcon

balko

la terrasse

teeraas

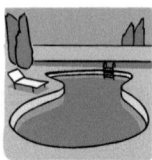

la piscine

pisin

la tondeuse à gazon

keefoowo huɗo

la fourre de duvet

darap

la couette

darap

le lit

leeso

le balai

pittirgal

le sceau

suwo

l'interrupteur

ñifirgel

le salon

suudu yeewtere

le papier peint
nataal
l'image
nataal
la lampe
lampa
l'étagère
etaseer
l'armoire
bahe
la télé
tele
la cheminée
jaltinirgel cuurki
la fleur
fuloor
le coussin
njegenaaw
le canapé
fotooy
le vase
ciwirgal njaram
la télécommande
deengol ko woɗɗi

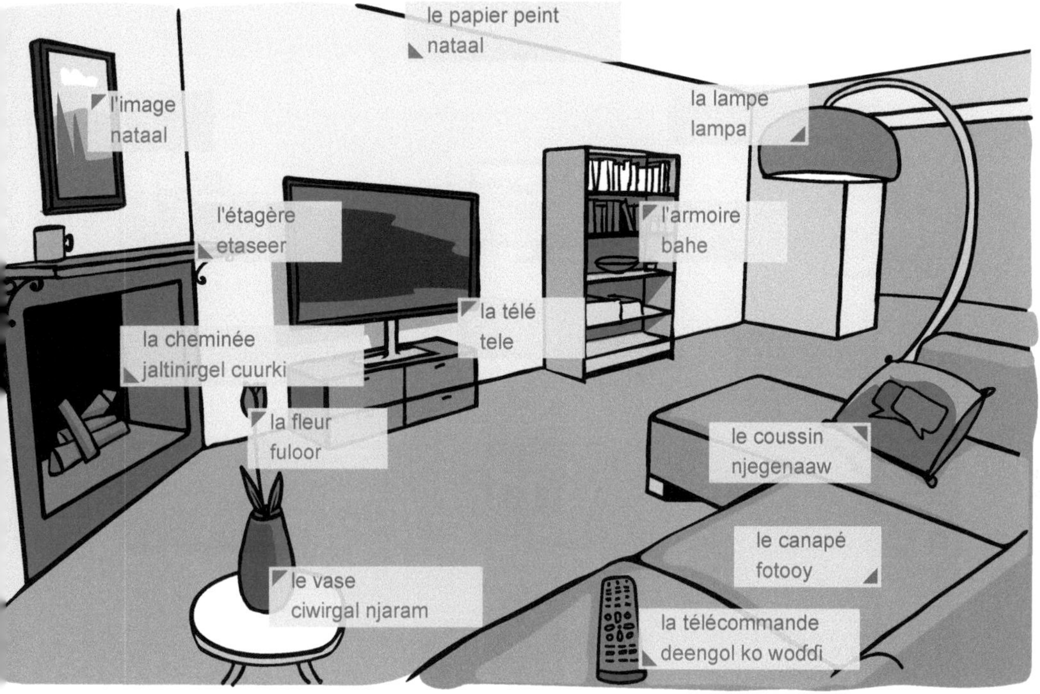

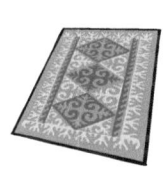

le tapis

tappi

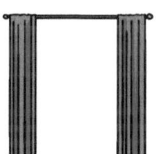

le rideau

rido

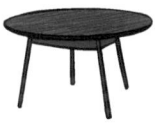

la table

taabal

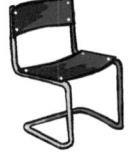

la chaise

jooɗorgal

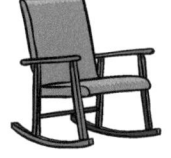

la chaise à bascule

jooɗorgal timmungal

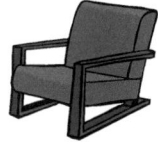

le fauteuil

jooɗorgal tuggateengal

le livre

deftere

la couverture

cuddirgal

la décoration

jooɗnugol

le bois de chauffage

leɗɗe kuɓɓateeɗe

le film

filmo

la chaîne hi-fi

materiyel hi-fi

la clé

coktirgal

le journal

kaayit kabaruuji

la peinture

pentirgol

le poster

posteer

la radio

rajo

le bloc-notes

teskorgel

l'aspirateur

boɗowel pusiyeer

le cactus

kaktis

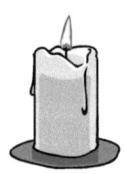

la bougie

sondel

la cuisine
waañ

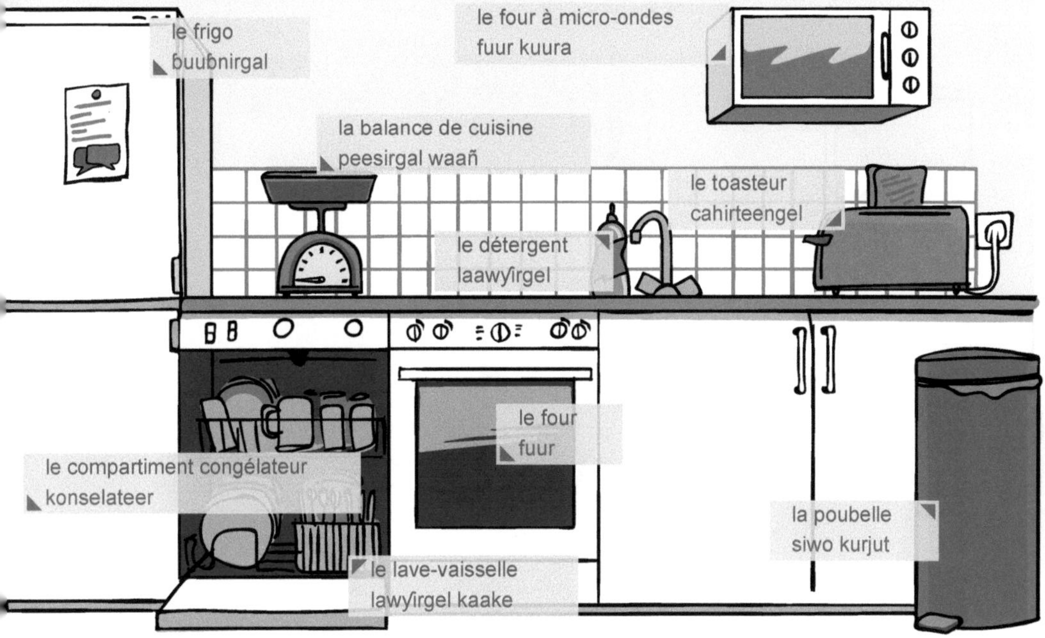
le frigo
buubnirgal
le four à micro-ondes
fuur kuura
la balance de cuisine
peesirgal waañ
le toasteur
cahirteengel
le détergent
laawÿirgel
le four
fuur
le compartiment congélateur
konselateer
la poubelle
siwo kurjut
le lave-vaisselle
lawÿirgel kaake

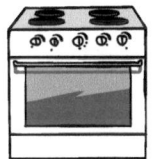

le four
fuurno

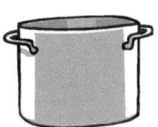

la casserole
pot

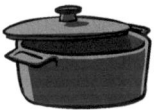

la marmite
barme

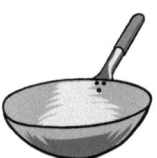

le wok/kadai
kasorol

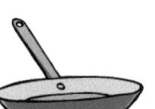

la poêle
kasorol

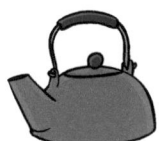

la bouilloire électrique
satalla

le cuiseur vapeur

suppere defirteende

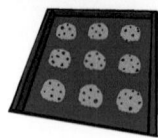

la plaque de cuisson

pool defirteeɗo

la vaisselle

lawƴugol kaake

le gobelet

pot jarduɗo

le bol

suppeere

les baguettes

ñibirgon ñaamdu

la louche

kuddu luus

la spatule

kayit ɗakirteeɗo

le fouet

iirtude

la passoire

ceɗirgel

le tamis

tame

la râpe

keefirgel

le mortier

moññirgal

le barbecue

juɗgol

la cheminée

jeyngol e henndu

la planche à découper

coppirgal

le rouleau à pâtisserie

degnirgel ñaamdu
feewnateendu

le tire-bouchon

udditirgel butel

la boîte

buwaat

l'ouvre-boîte

udditirgel buwat

les maniques

nangirgel pot

le lavabo

siimtude

la brosse

boros

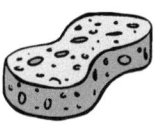

l'éponge

eppoos

le mixeur

jiibirgel

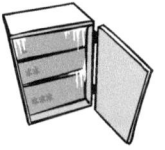

le congélateur

battowel galaas

le biberon

jardugel tiggu

le robinet

robine

la chambre de bain

tarodde

le chauffage
gulnirgel suudo
la serviette
momtirgel
la douche
lootogol
le rideau de douche
birnirgel lootorgal
le bain moussant
lootogol e ngufu
la baignoire
ngaska ɓuftorteengo
le verre
weer
la machine à laver
masinŋ lootnoowo
le robinet
robine
le carrelage
kette senge
le pot
potsamburu
le lavabo
siimtude

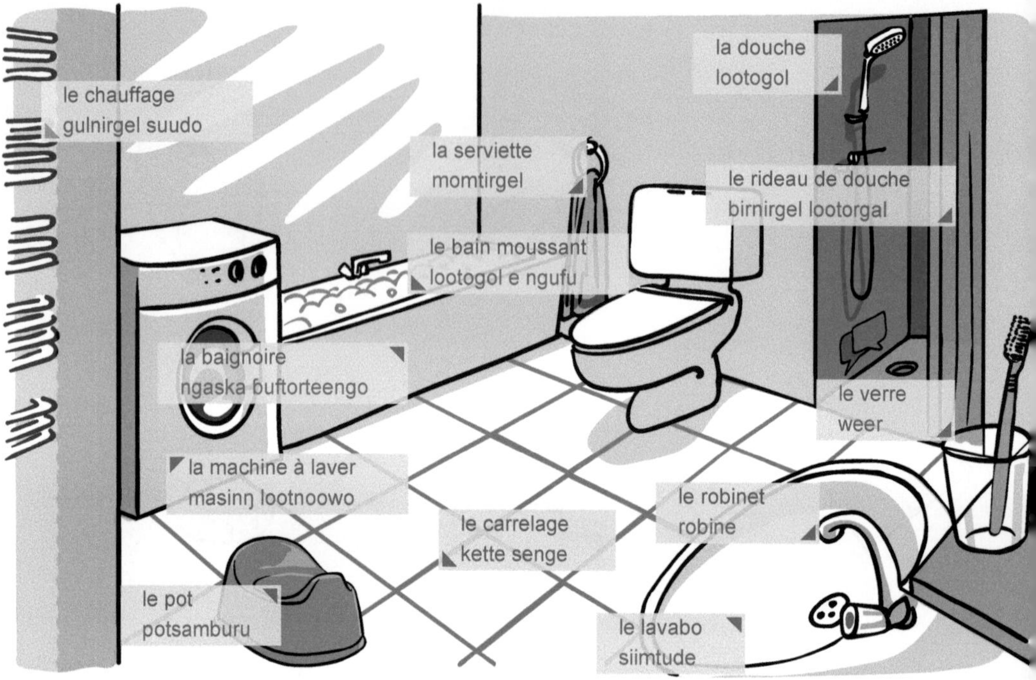

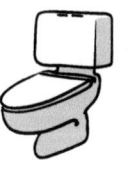

les toilettes

taarorde

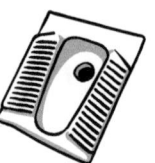

la toilette à la turque

joɗorgal kuwirteengal

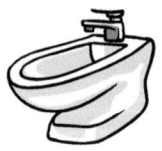

le bidet

biisirgel ndiyam

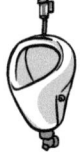

l'urinoir

taarodde

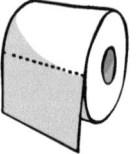

le papier toilette

kaayit momtirɗo

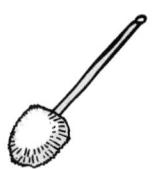

la brosse à toilette

boros taarorde

la brosse à dents

coccorgal ƴiiye

le dentifrice

sabunde ƴiiye

le fil dentaire

gaarowol ñiire

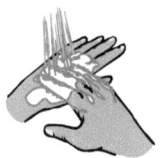

laver

lawƴude

la douche manuelle

ɓoggol lootirteengol

la douche intime

ɓuftogol

la vasque

loowirteengel

la brosse dorsale

demirgel huɗo

le savon

sabunnde

le gel douche

saabunde ɓuftorteende

le shampooing

sampoye

le gant de toilette

limsere wiro

l'écoulement

ciiygol

la crème

kerem

le déodorant

uurnirgel

le miroir

daandorgal

le miroir cosmétique

daandorgal pamoral

le rasoir

pembirgel

la mousse à raser

ngufu pembol

l'après-rasage

moomiteengel pembol

la peigne

yeesoode

la brosse

boros

le sèche-cheveux

joornirgel sukunndu

la laque pour cheveux

peewnirgel sukunndu

le fond de teint

makiyaas

le rouge à lèvres

jooɗirgel toni

le vernis à ongles

momtirgel cegeneeji

l'ouate

garowol wiro

le coupe-ongles

siso cegeneeji

le parfum

parfon

la trousse de toilette

waxande lootorgal

le tabouret

kuudi

la balance

peesirgal

le peignoir

wutte cuftorteeɗo

les gants de nettoyage

gaɲuuji dalli

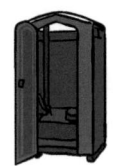

le tampon

momtirer ƴiiƴam ella

les serviettes hygiéniques

kuus tiggu

la toilette chimique

lootogol simik

la chambre d'enfant
suudu sakaaɓe

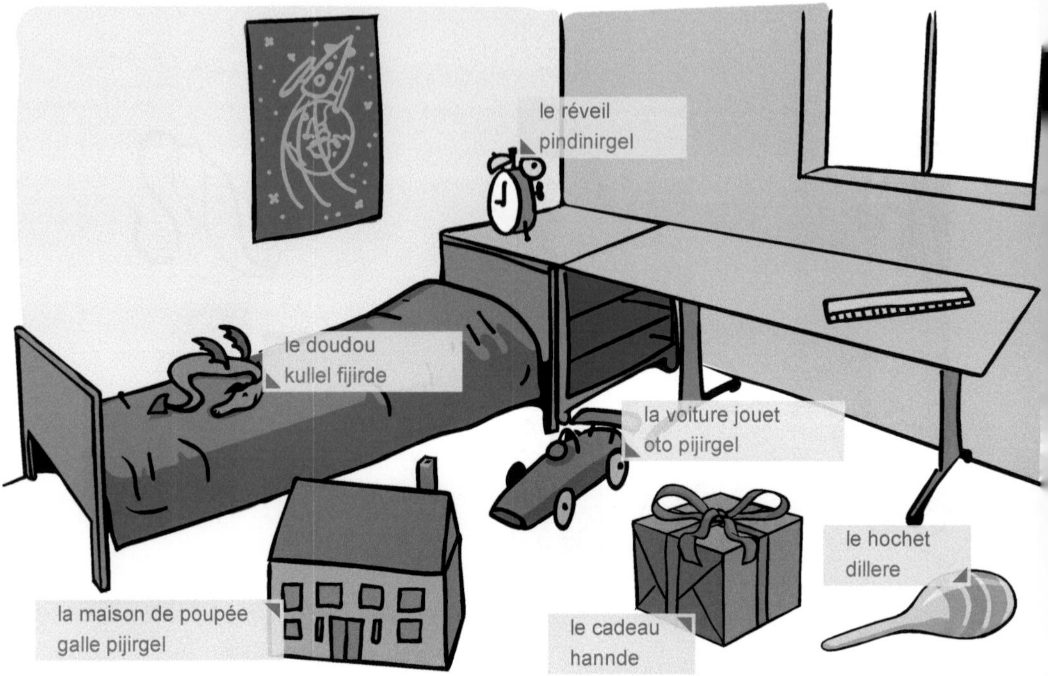

le réveil
pindinirgel

le doudou
kullel fijirde

la voiture jouet
oto pijirgel

le hochet
dillere

la maison de poupée
galle pijirgel

le cadeau
hannde

le ballon

sumalle dalli

le lit

leeso

la poussette

duñirgel tiggu

le jeu de cartes

nokkere karte

le puzzle

fijirde lombondirgol

la bande dessinée

njalniika

les pièces lego

pijirgel tuufeeje

les blocs de construction

tuufeeje

la figurine

pijirgel

la grenouillère

comcol tiggu

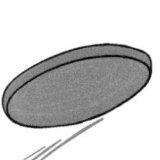

le frisbee

palaat diwwoow

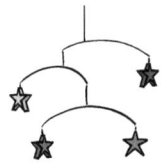

le mobile

noddirgel

le jeu de société

pijirgel

le dé

dee

le train miniature

ñemtinirgel laana ndegoowa

la sucette

neɗɗo fuuunti

la fête

fijirde

le livre d'images

deftere nate

la balle

bal

la poupée

puppe

jouer

fijde

le bac à sable

mbalka ceenal

la balançoire

beeltirgal

les jouets

pijirgel

la console de jeu

pijiteengel see widewo

le tricycle

welo biifi tati

l'ours en peluche

pijirgel kullel urs

l'armoire

armuwaar

les vêtements
comcol

les chaussettes

kawase

les bas

kawase

le collant

tuubayon bittukon

l'écharpe
musuuro

la ceinture
dadorde

le parapluie
paraseewal

le t-shirt
tiset

les baskets
pade bokkateede

les bottes
pade toowde

les pantoufles
pade suudu

les sandales
padɗe diwa

les chaussures
pade

les bottes de caoutchouc
padɗe toowɗe lirotooɗe

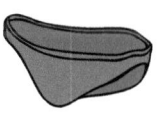

le linge de corps
cakkirɗi

le soutien-gorge
sucengors

le maillot de corps
silet

le body

banndu

le pantalon

tuuba

le jean

jiin

la jupe

robbo

le chemisier

buluson

la chemise

simis

le pull

piliweer

le pull-over à capuche

weste nebbu

la veste

layset

la veste

jaget

le manteau

weste juuɗɗo

l'imperméable

wutte toɓo

le costume

kostim

la robe

robbo

la robe de mariée

robbo yange

le costume

weste

la chemise de nuit

wutte baaldudo

le pyjama

pijama

le sari

sari

le foulard

muusooro

le turban

kaala

la burqa

kaala

le caftan

sabndoor

l'abaya

abbaay

le maillot de bain

comcol lumbirogol

le costume de bain

cakkirdi

les cuissettes

kilot

la tenue d'entraînement

joogin

le tablier

limsere deffowo

les gants

gaɲuuji

le bouton

boɗɗirgel

les lunettes

lone

le bracelet

jawo

le collier

cakka

la bague

feggere

la boucle d'oreille

hootonde

le bonnet

laafa

le cintre

liggirgal weste

le chapeau

laafa

la cravate

karawat

la fermeture éclair

zip

le casque

laafa ndeenka

les bretelles

ganŋ

l'uniforme scolaire

comcol duɗal

l'uniforme

iniform

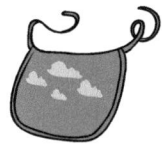

le bavoir

sarbetel daande

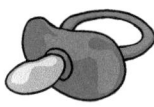

la sucette

neɗɗo fuuunti

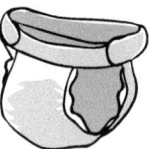

la couche

kuus

le bureau

gollirgal

le serveur
serveer
l'armoire d'archivage
baxane doodiyeeji
l'imprimante
jaltinirgel kaayit
le papier
kaayit
l'écran
ekaran
la souris
suuri
le bureau
biro
le classeur
caawiirgel doosiyeeji
le clavier
tappirde
la corbeille à papier
suwo kurjut
l'ordinateur
ordinateer
la chaise
jooɗorgal

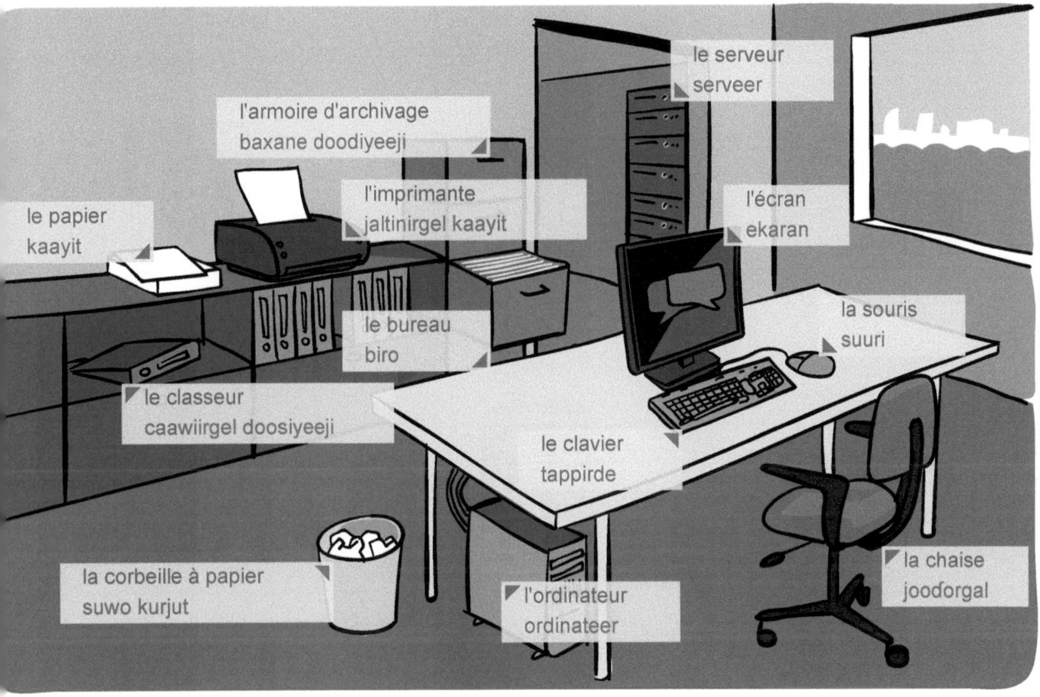

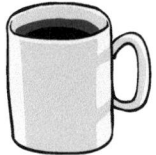

la tasse à café

kuppu kafe

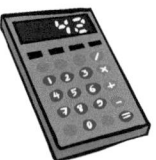

la calculatrice

qiimorgal

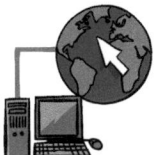

l'internet

enternet

l'ordinateur portable

ordinateer beelnateeɗo

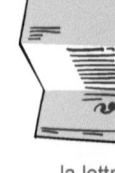

la lettre

ɓataake

le message

ɓataake

le portable

noddirgel

le réseau

reso

la photocopieuse

cottitirgel

le logiciel

losisiyel

le téléphone

noddirgel

la prise

ceɲirgel ɓoggol kuura

le fax

masinŋ faks

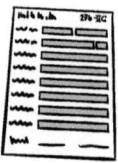

le formulaire

mbaadi

le document

dokiman

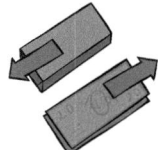

acheter
soodde

payer
soodɗe

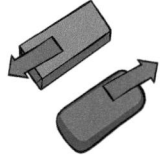

marchander
yeyde

la monnaie
kaalis

le dollar
dolaar

l'euro
eroo

le yen
yen

le rouble
ruubal

le franc suisse
faran Siwis

le renminbi yuan
yuwaan renminbi

la roupie
rupii

le distributeur automatique
masinŋ keestorɗo kaalis

le bureau de change

nokku beccugol e neldugol

l'or

kanŋe

l'argent

kaalis

le pétrole

esaans

l'énergie

sembe

le prix

coggu

le contrat

kontara

la taxe

taks

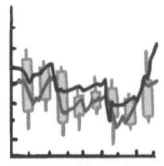

l'action

marsandiss moftaaɗo

travailler

gollude

l'employé

gollinteeɗo

l'employeur

gollinoowo

l'usine

isin

le magasin

bitik

les professions
haajuuji

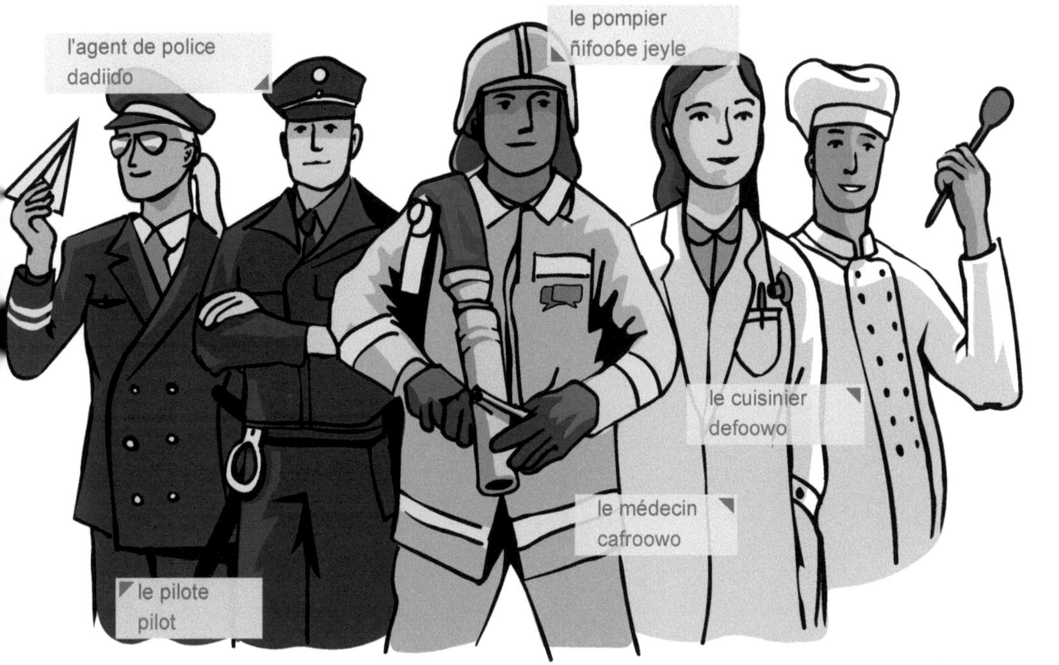
l'agent de police
dadiiɗo
le pompier
ñifooɓe jeyle
le cuisinier
defoowo
le médecin
cafroowo
le pilote
pilot

le jardinier

toppitiiɗo sardin

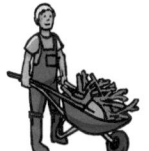

le menuisier

minise

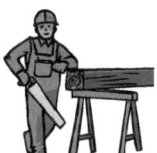

la couturière

ñootoowo

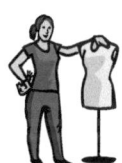

le juge

ñaawoowo

le chimiste

simist e ɗemngal farayse

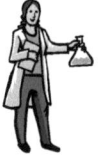

l'acteur

aktoor

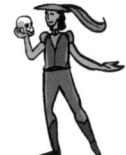

le conducteur de bus

dognoowo biis

le chauffeur de taxi

dognoowo taksi

le pêcheur

gawoowo

la femme de ménage

pittoowo

le couvreur

cengirɗe huɓeere

le serveur

carwoowo

le chasseur

daddoowo

le peintre

pentiroowo

le boulanger

piyoowo mburu

l'électricien

gollowo kuura

l'ouvrier

mahoowo

l'ingénieur

enseñeer

le boucher

jeyoowo teew keso

le plombier

polombiyer

le facteur

nawoowo ɓatakuuji

le soldat

kooninke

l'architecte

diidoowo ɓahanteeri

le caissier

kestotooɗo

le fleuriste

jeyoowo fuloraaji

le coiffeur

mooroowo

le contrôleur

dognoowo

le mécanicien

mekanisiyenŋ

le capitaine

kapiteen

le dentiste

cafroowo ƴiiƴe

le scientifique

miijotooɗo

le rabbin

kellifaaɗo diine to israayel

l'imam

imaam

le moine

muwaan e e ɗemngal farayse

le prêtre

kellifaaɗo diine heerereeɓe

les outils
kuutorɗe

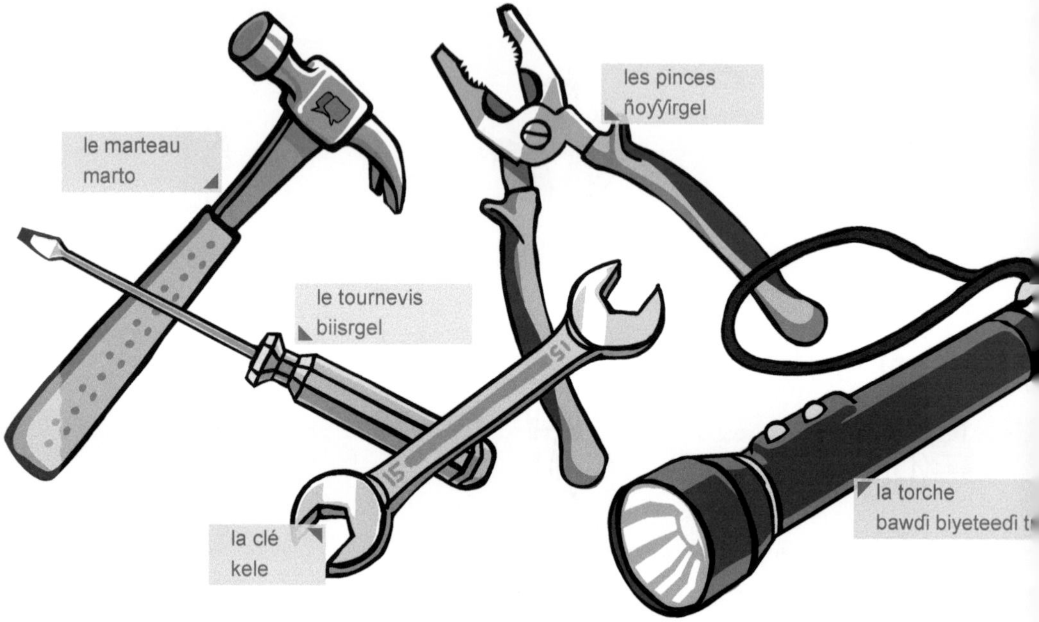

le marteau
marto
les pinces
ñoyƴirgel
le tournevis
biisrgel
la clé
kele
la torche
bawɗi biyeteeɗi

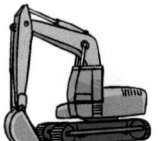

la pelleteuse

pikku

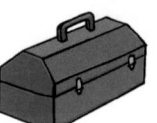

la boîte à outils

baxanel kaɓorɗe

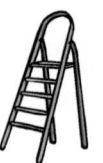

l'échelle

ŋabbirgal

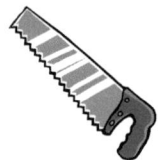

la scie

tayƴirgal

les clous

ƴibirɗe

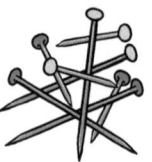

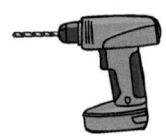

la perceuse

julirgal

réparer

fewnitde

la pelle

nokkirgel

Mince!

Soo!

la pelle

boftirgel kurjut

le pot de peinture

pot penttiir

les vis

wiisuuji

les instruments de musique
kongirgon misik

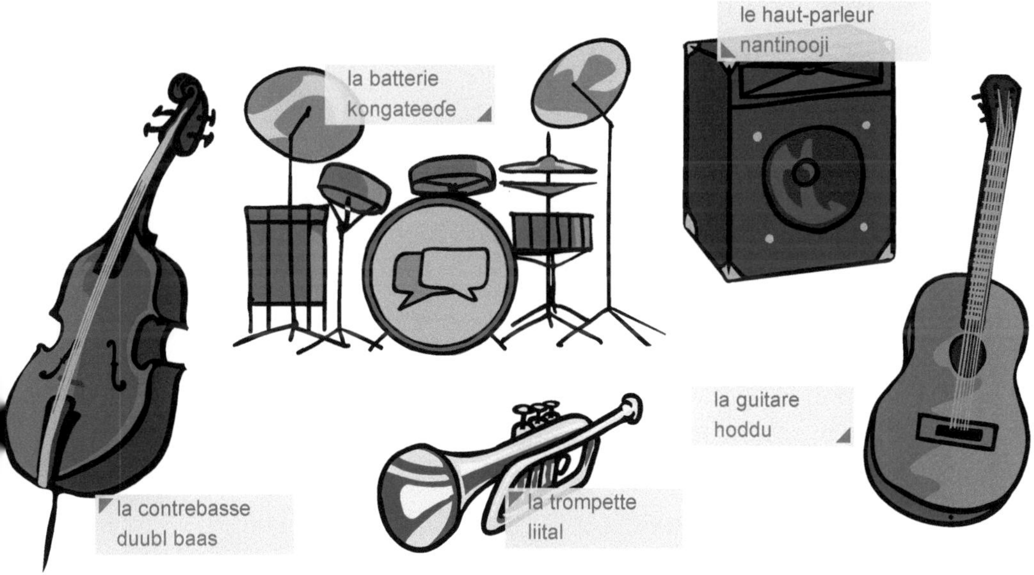

le haut-parleur
nantinooji

la batterie
kongateeɗe

la guitare
hoddu

la contrebasse
duubl baas

la trompette
liital

le piano

piayaano

le violon

wiyolon

la basse

baas

les timbales

bowɗi biyeteeɗi timpani

le tambour

bawɗi

le piano électrique

tappirgal

le saxophone

saksofoon

la flûte

nguurdu

le microphone

mikoro

le zoo
nokku kullon

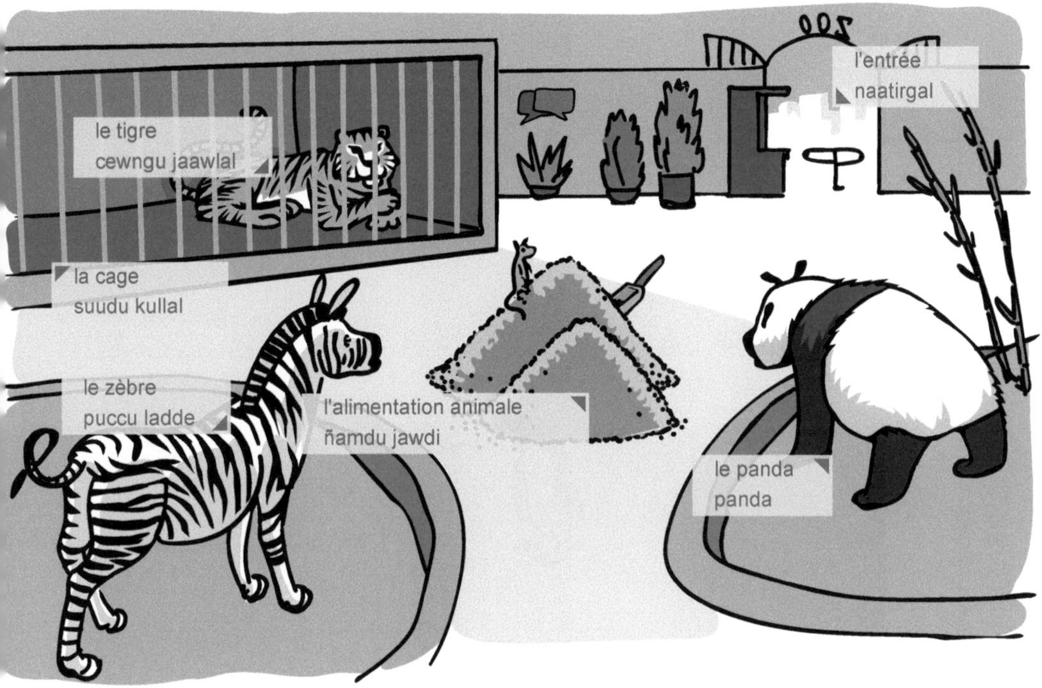

l'entrée
naatirgal
le tigre
cewngu jaawlal
la cage
suudu kullal
le zèbre
puccu ladde
l'alimentation animale
ñamdu jawdi
le panda
panda

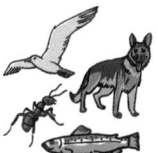

les animaux
kulle

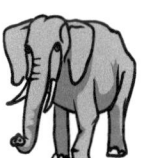

l'éléphant
ñiiwa

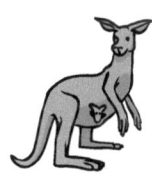

le kangourou
kanguru

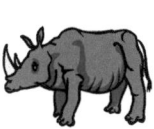

le rhinocéros
rinoseros

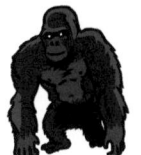

le gorille
waandu mowndu

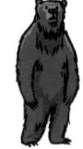

l'ours
urs

le chameau

ngelooba

l'autruche

sundu ɓurndu mownude

le lion

mbaroodi

le singe

waandu

le flamand rose

ñaaral pural

le perroquet

seku

l'ours polaire

urso galaas

le pingouin

liingu wiyeteendu penguwe

le requin

lingu reke

le paon

ndiwri wiyeteendu pawon

le serpent

laadoori

le crocodile

nooro

le gardien de zoo

deenoowo zoo

le phoque

togoori ndiyam wiyeteendu
fok e farayse

le jaguar

cewngu

le poney

molu

le léopard

cewngu

l'hippopotame

ngabu

la girafe

njabala

l'aigle

ciilal

le sanglier

mbabba tugal

le poisson

liingu

la tortue

heende

le morse

kullal biyeteengal morse

le renard

renaar

la gazelle

lella

l'american Football
Fuggukoyngel Amerknaaɓe

le cyclisme
dognugol welo

le tennis
tenis

le basket-ball
beysbol

la natation
lumbagol

la boxe
boks

le hockey sur glace
fuggukoyngel e galaas

le football

Fuggukoyngel

le badminton

badminton

l'athlétisme

atelettuuji

le handball

hanbol

le ski

fijirɗe deggol e nees

le polo

polo

les activités
golle

sauter
diwde
embrasser
ɓuucaade
rire
jalde
marcher
yaade
chanter
yimde
rêver
hoyɗitaade
prier
juulde
faire la bise
ɓuucaade

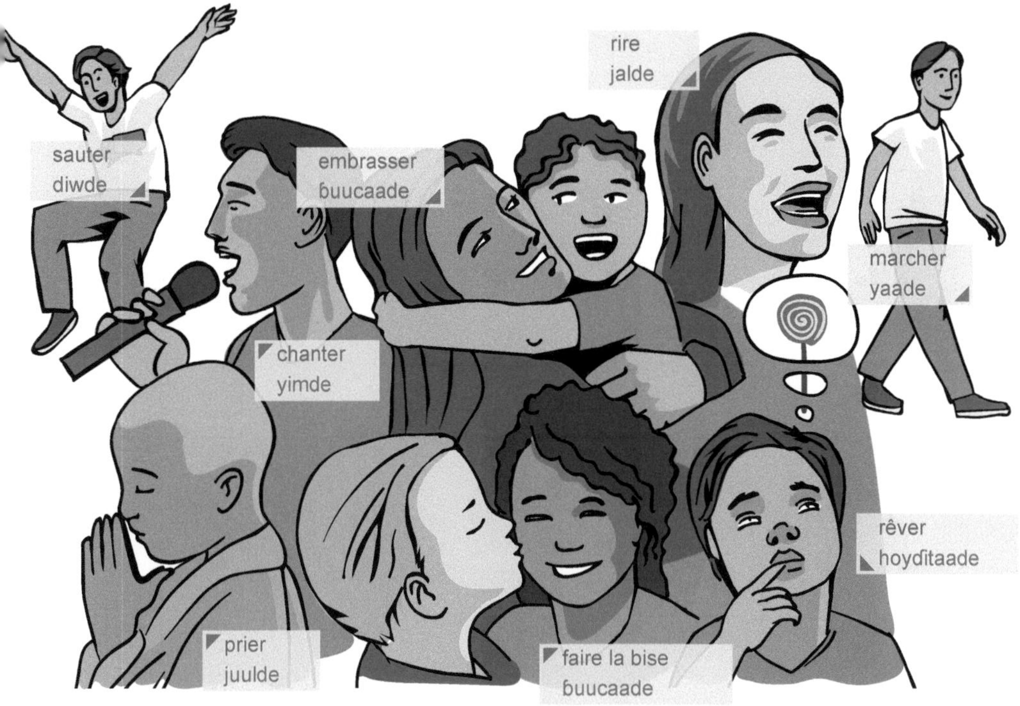

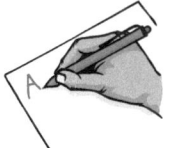

écrire
windude

dessiner
siifde

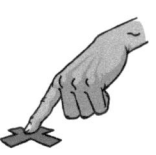

montrer
hollude

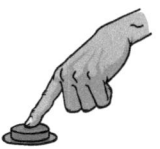

pousser
duñde

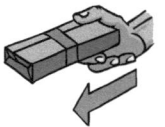

donner
rokkude

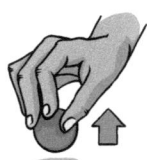

prendre
ƴettude

avoir
....
deñde

faire
....
waɗde

être
....
wonde

être debout
....
ummaade

courir
....
dogde

trier
....
fooɗde

jeter
....
weddaade

tomber
....
yande

être couché
....
fende

attendre
....
sabbaade

porter
....
roondaade

être assis
....
jooɗaade

s'habiller
....
ɓoornaade

dormir
....
ɗaanaade

se réveiller
....
finde

regarder

yeewde

pleurer

woyde

caresser

helde

peigner

yeesaade

parler

haalde

comprendre

faamde

demander

naamnaade

écouter

heɗaade

boire

yarde

manger

ñaamde

ranger

hawrinde

aimer

yiɗde

cuire

defde

conduire

dognude

voler

diwde

faire de la voile

awyude

calculer

qimaade

lire

jangude

apprendre

jangude

travailler

gollude

se marier

resde

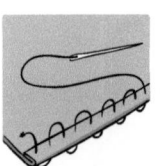

coudre

ñootde

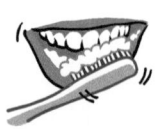

se brosser les dents

soccaade ỹiiỹe

tuer

warde

fumer

simmaade

envoyer

neldude

la grand-mère
ɓiraaɗo debbo

le grand-père
taaniraaɗo gorko

le père
baabiraaɗo

la mère
yummiraaɗo

le bébé
tiggu

la fille
biɗɗo debbo

le fils
biɗɗo gorko

l'hôte

koɗo

la tante

goggiraaɗo

l'oncle

kaawiraaɗo

le frère

mowniraaɗo gorko

la sœur

mowniraaɗo debbo

la famille - ɓesngu

le corps

ɓandu

le front
tiinde
l'œil
yiitere
le visage
yeeso
le menton
waare
le doigt
feɗendu
la main
jungo
la poitrine
endu
le bras
jungo
l'épaule
walabo
la jambe
koyngal

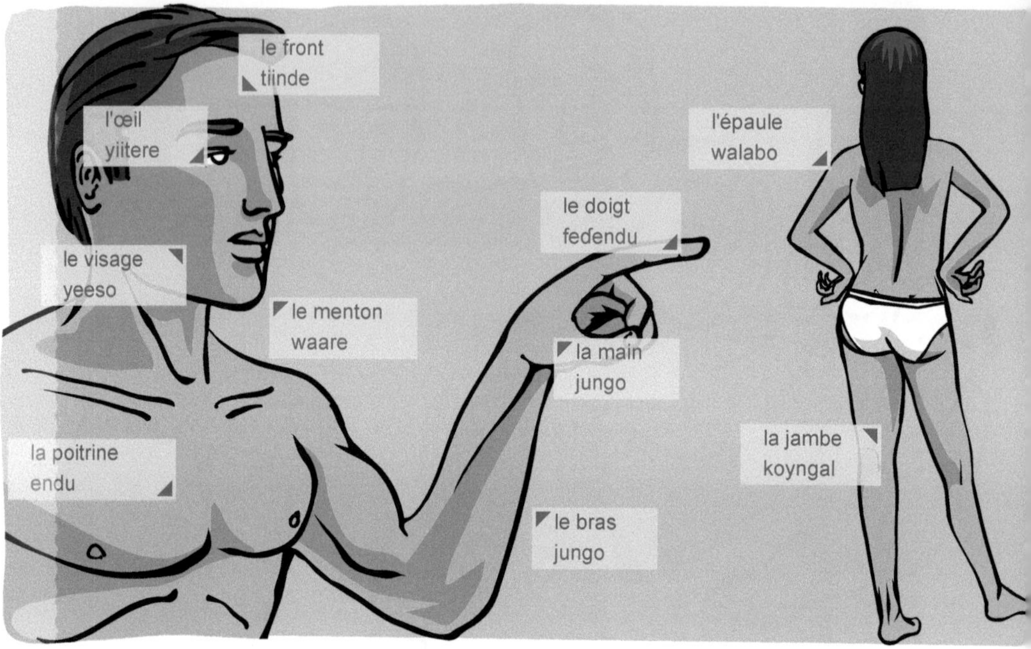

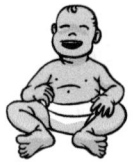

le bébé

tiggu

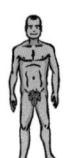

l'homme

gorko

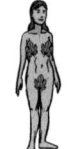

la femme

debbo

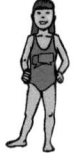

la fille

deftere kongoli

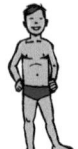

le garçon

suka gorko

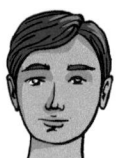

la tête

hoore

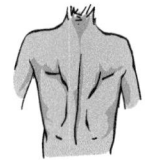

le dos

keeci

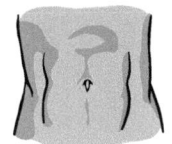

le ventre

reedu

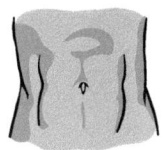

le nombril

wuddu

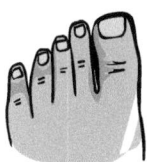

l'orteil

feɗendu koyngal

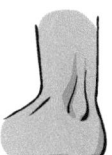

le talon

jabborgal

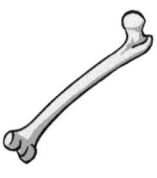

l'os

ƴiyal

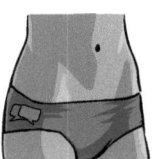

la hanche

rotere

le genou

hofru

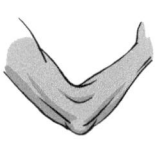

le coude

salndu junngu

le nez

hinere

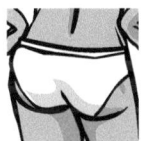

les fesses

dote

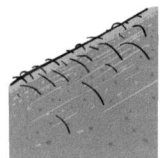

la peau

nguru

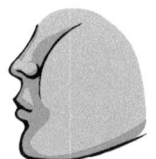

la joue

abɓulo

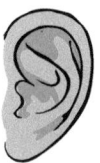

l'oreille

nofru

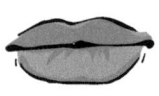

la lèvre

tonndu

la bouche

hunuko

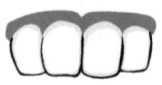

la dent

ñiire

la langue

ɗemngal

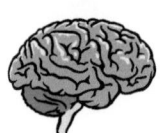

le cerveau

ngaandi

le cœur

ɓernde

le muscle

yïyal

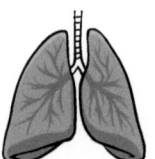

les poumons

wecco

le foie

heeñere

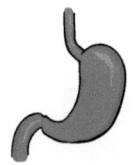

l'estomac

estoma

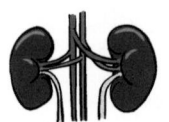

les reins

tekteki mawni

le rapport sexuel

terɗe

le préservatif

laafa ndeenka

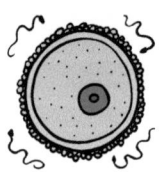

l'ovule

boccoonde maniya

le sperme

maniya

la grossesse

reedu

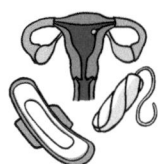

la menstruation
ɓiiɓam ella

le vagin
farja

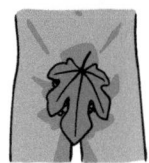

le pénis
kaake

le sourcil
leeɓi dow yiitere

les cheveux
sukunndu

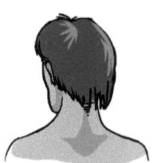

le cou
daande

l'hôpital
suudu safirdu

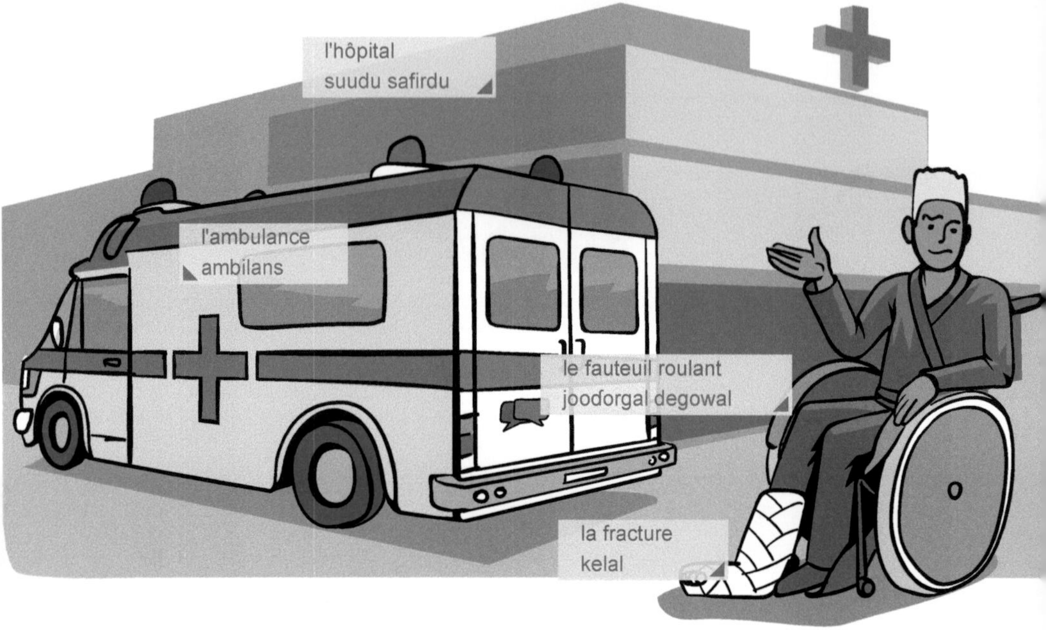

l'hôpital
suudu safirdu
l'ambulance
ambilans
le fauteuil roulant
jooɗorgal degowal
la fracture
kelal

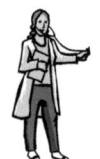

le médecin

cafroowo

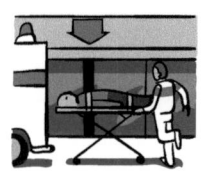

le service des urgences

suudo irsaans

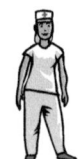

l'infirmière

cafroowo

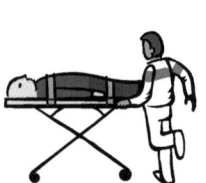

l'urgence

irsaans

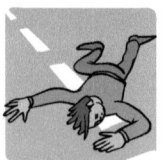

inconscient

paɗɗiiɗo

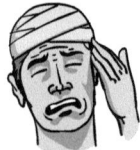

la douleur

muuseeki

la blessure

gaañande

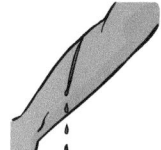

l'hémorragie

tuyƴude

la crise cardiaque

ɓernde dartiinde

l'attaque cérébrale

darogol ɓernde

l'allergie

alersi

la toux

ɗojjugol

la fièvre

nguleeki ɓandu

la grippe

maɓɓo

la diarrhée

reedu dogooru

le mal de tête

muuseeki hoore

le cancer

kanser

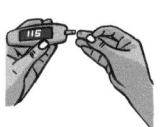

le diabète

jabet

le chirurgien

operasiyon

le scalpel

ceekirgel

l'opération

operasiyon

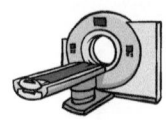

le CT

CT

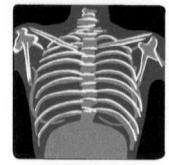

la radiographie

reyon-x

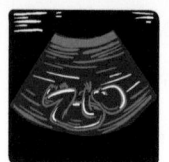

l'échographie

iltarason

le masque

mask yeeso

la maladie

ñaw

la salle d'attente

suudu sabbordu

la béquille

sawru tuggorgal

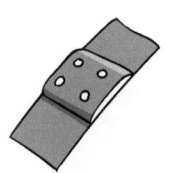

le pansement

palatar

le pansement

bandaas

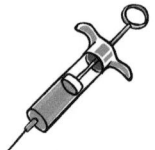

l'injection

pikkitagol

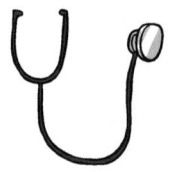

le stéthoscope

keɗirgel dille ɓandu

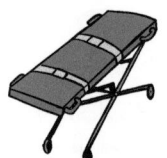

le brancard

balankaaru

le thermomètre

ɓetirgel nguleeki ɓanndu

l'accouchement

jibinegol

le surpoids

ɓandu ɓurtundu

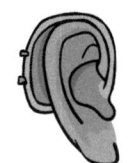

l'appareil auditif

ɓallotirgel nonooje

le désinfectant

desefektan

l'infection

infeksiyon

le virus

viris

le VIH / le sida

HIV / SIDA

le médicament

safaara

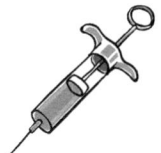

la vaccination

ñakko

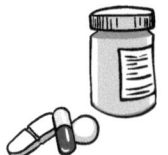

les tablettes

tabletuuji

la pilule

foɗɗere

l'appel d'urgence

noddaango heñoraango

le tensiomètre

ɓetirgel dogdu ƴiiƴam

malade / sain

sellaani / salli

Au secours!

Paaboɗe!

l'alarme

tintinirgel

l'agression

jangol

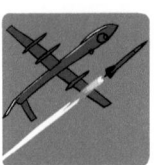

l'attaque

yande e

le danger

musiiba

la sortie de secours

damal dandirgal

Au feu!

Paaboɗe!

l'extincteur

ñifirgel jeynge

l'accident

aksida

la trousse de premier secours

geɗe cafrorɗe gadane

SOS

BALLAL

la police

Polis

l'Europe

Erop

l'Amérique du Nord

Amerik to Rewo

l'Amérique du Sud

Amerik to Worgo

l'Afrique

Afiriki

l'Asie

Asi

l'Australie

Ostarali

l'Océan atlantique

Atalantik

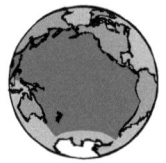

l'Océan pacifique

Pasifik

l'Océan indien

Oseyan Enje

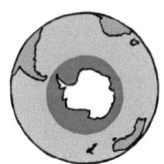

l'Océan antarctique

Oseyan Antarktik

l'Océan arctique

Osean Arkatik

le Pôle nord

Bange Rewo

le Pôle sud

Bange Worgo

l'Antarctique

Antarktik

la terre

Leydi

le pays

leydi

la mer

maayo mawngo

l'île

wuro nder ndiyam

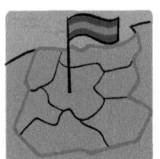

la nation

leydi

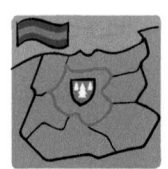

l'état

jamaanu

le cadran

yeeso montoor

l'aiguille des heures

misalel waqtu

l'aiguille des minutes

misalel hojomaaji

l'aiguille des secondes

misalel majanɗe

Quelle heure est-il?

Hol waqtu jonɗo?

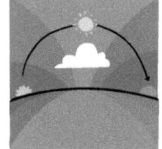

le jour

ñalawma

le temps

saha

maintenant

jooni

la montre digitale

montoor disitaal

la minute

hojom

l'heure

waqtu

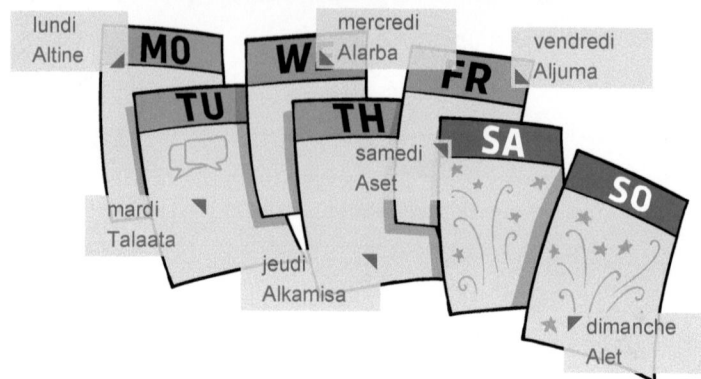

lundi
Altine

mardi
Talaata

mercredi
Alarba

jeudi
Alkamisa

vendredi
Aljuma

samedi
Aset

dimanche
Alet

hier

hanki

aujourd'hui

hande

demain

jango

le matin

subaka

le midi

beetawe

le soir

kikiiɗe

MO	TU	WE	TH	FR	SA	SU
1	2	3	4	5	6	7
8	9	10	11	12	13	14
15	16	17	18	19	20	21
22	23	24	25	26	27	28
29	30	31	1	2	3	4

les jours ouvrables

ñalawmaaji golle

MO	TU	WE	TH	FR	SA	SU
1	2	3	4	5	6	7
8	9	10	11	12	13	14
15	16	17	18	19	20	21
22	23	24	25	26	27	28
29	30	31	1	2	3	4

le week-end

ñalamaaji fooftere

l'année

hitaande

la pluie
tobo
l'arc-en-ciel
timtimol
la neige
nees
le vent
hendu
le printemps
caggal dabbunde
l'automne
dabbunde
l'été
ndungu
l'hiver
dabbunde

4.APRIL 11°
5.APRIL 4°
6.APRIL 13°
7.APRIL 8°
8.APRIL 10°

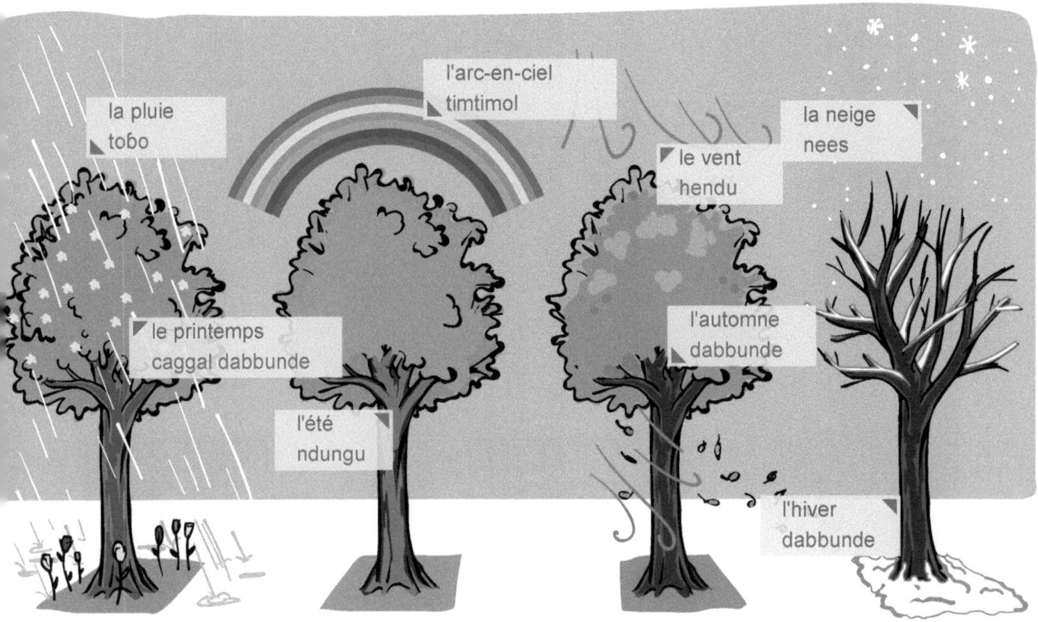

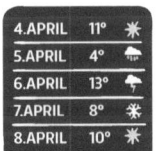

la météo

kabrugol geɗe weeyo

F C
120 40
90 30
60 20
30 10
0 0
-30 -10
-20

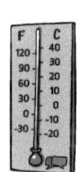

le thermomètre

ɓetirgal nguleeki

la lumière du soleil

nguleeki naange

le nuage

duulal

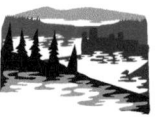

le brouillard

niɓɓere niwri

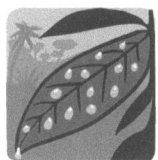

l'humidité

ɓuuɓol

la foudre

majaango

le tonnerre

gidango

la tempête

hendu yaduungo e gidaali

la grêle

toɓo mawngo

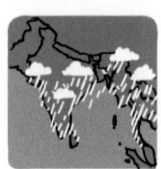

la mousson

keneeli mawɗi

l'inondation

toɓo yooloongo

la glace

galaas

janvier

Janwiye

février

Feeviriye

mars

Mars

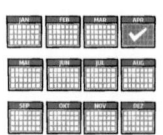

avril

Awril

mai

Me

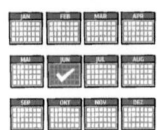

juin

Suwe

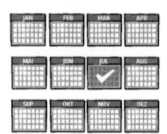

juillet

Suliye

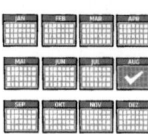

août

Ut

septembre
....
Setanbar

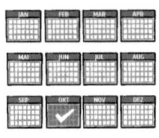

octobre
....
Oktobar

novembre
....
Noowambar

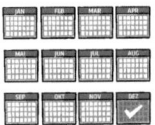

décembre
....
Desambar

les formes
Mbaadi

le cercle
....
taariɗum

le carré
....
bangeeji potɗi

le rectangle
....
rektangal

le triangle
....
tiriyangal

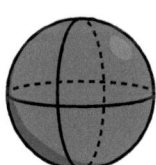

la sphère
....
esfeer

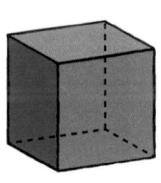

le cube
....
kib

blanc

deneejo

jaune

puro

orange

oraas

rose

roos

rouge

boɗeejo

violet

yolet

bleu

bulaajo

vert

werte

marron

baka

gris

giri

noir

ɓaleejo

beaucoup / peu

heewi / famɗi

fâché / calme

mittinɗo / deeyɗo

joli / laid

yooɗi / soofi

le début / la fin

fuɗɗorde / gasirde

grand / petit

mawni / famɗi

clair / obscure

leeri / ɗiɓɓiɗi

le frère / la sœur

mawniraaɗo gorko / debbo

propre / sale

laaɓi / tulmi

complet / incomplet

timmi / manki

le jour / la nuit

ñalawma / jamma

mort / vivant

mayi / wuuri

large / étroit

yaaji / ɓitti

comestible / incomestible

ñaame / ñaametaake

méchant / gentil

bonɗum / moyƴi

excité / ennuyé

weelti / deeyi

gros / mince

ɓutto / cewɗo

le premier / le dernier

gadiiɗo / cakkitiiɗo

l'ami / l'ennemi

sehil / gaño

plein / vide

heewi / ɓolɗi

dur / souple

tiiɗi / hoyi

lourd / léger

teddi / hoyi

faim / soif

heege / ɗomka

malade / sain

sellaani / salli

illégal / légal

dagaaki / dagi

intelligent / stupide

ƴoƴi / ƴiƴaani

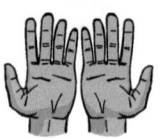

gauche / droite

ñaamo / nano

proche / loin

ɓadi / woɗɗi

nouveau / usé

keso / kiiɗɗo

rien / quelque chose

haydara / huunde

vieux / jeune

nayeeji / suka

marche / arrêt

ne heen / ala heen

ouvert / fermé

udditi / uddi

faible / fort

deeyi / dilla

riche / pauvre

galo / baasɗo

correct / incorrect

feewi / feewaani

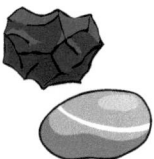

rugueux / lisse

tekki / ɗaati

triste / heureux

suni / weelti

court / long

daɓɓo / jutɗo

lent / rapide

leeli / yaawi

mouillé / sec

leppi / yoori

chaud / froid

wuli / ɓuuɓi

la guerre / la paix

hare / jam

limorɗe

0	**1**	**2**
zéro	un	deux
meere	goo	ɗiɗi
3	**4**	**5**
trois	quatre	cinq
tati	nay	joy
6	**7**	**8**
six	sept	huit
jeegom	seeɗiɗi	jeetati
9	**10**	**11**
neuf	dix	onze
jeenay	sappo	sappo e goo

12

douze

sappo e ɗiɗi

13

treize

sppo e tati

14

quatorze

sappo e nay

15

quinze

sappo e joy

16

seize

sappo e jeegom

17

dix-sept

sappo e jeeɗiɗi

18

dix-huit

sappo e jeetati

19

dix-neuf

sappo e jeenay

20

vingt

noogas

100

cent

teemedere

1.000

mille

ujunere

1.000.000

le million

miliyonŋ

l'anglais

Angale

l'anglais américain

Angale Amerik

le chinois mandarin

Mandare Siin

le hindi

Indo

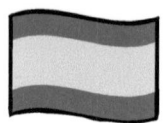

l'espagnol

Español

le français

Farayse

l'arabe

Arab

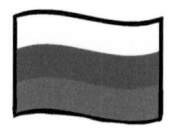

le russe

Riis

le portugais

Portige

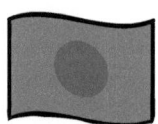

le bengali

Bengali

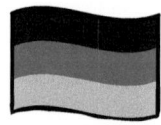

l'allemand

Alma

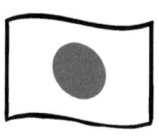

le japonais

Sappone

je

miin

tu

ann

il / elle

kanŋko / kanŋko / kañum

nous

minen

vous

onon

ils / elles

kambe

qui?

holi oon?

quoi?

hol ɗum?

comment?

hol no?

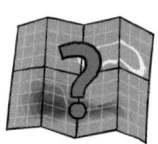

où?

hol toon?

quand?

mande?

le nom

innde

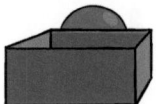

derrière

caggal

dans

nder

devant

yeeso

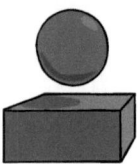

au-dessus

hedde

sur

dow

en-dessous

les

à côté de

sara

entre

hakkunde

le lieu

nokku